Marta Holzknecht

Corpo. Scintilla di Dio

Marta Holzknecht

Corpo. Scintilla di Dio

Il mio cammino di fede attraverso la Naturopatia e lo Yoga

Edizioni Sant'Antonio

Imprint

Cover image: www.ingimage.com

Publisher:
Edizioni Accademiche Italiane
is a trademark of
International Book Market Service Ltd., member of OmniScriptum Publishing Group
17 Meldrum Street, Beau Bassin 71504, Mauritius

Printed at: see last page
ISBN: 978-613-8-39089-3

Marta Holzknecht

CORPO. SCINTILLA DI DIO

Il mio cammino di fede

attraverso la Naturopatia e lo Yoga

GRAZIE

A mio padre che mi ha caricata di grinta, sempre.
A mia madre che giorno e notte ha ascoltato i miei discorsi infiniti,
senza mai smettere di incoraggiarmi.

Ai miei due insostituibili fratelli che con la gioia del loro cuore
hanno trasformato tante mie giornate tristi.

A suor Virginia, suor Giò, suor Rosa e suor Stefi
che nel silenzio della loro preghiera hanno mosso le montagne.

A zia Anni, punto fermo della mia vita.
A Dani, che ha spalancato la porta del mio cuore.

A Giacinto, il mio professore,
che con tanta pazienza mi ha accompagnata in questo lavoro.

A chi, nonostante sguardi pieni di dubbi,
ha sempre tifato per me.

PREFAZIONE

"Donna perché piangi, chi cerchi?" (Gv 20,15)

La Maddalena va al sepolcro per trovare un corpo e trova la Verità di sé stessa. La ricerca della Verità può essere causa di tante lacrime e di tanta fatica. Può generare tanti percorsi e i più disparati tentativi di soluzione. Diviene ragione di viaggi e di esplorazione degli orizzonti nel mondo esteriore ed interiore. Allo stesso tempo la scoperta del senso della Vita è motivo di pianti di gioia e di singhiozzi di entusiasmo.

Queste lacrime, nelle pagine che seguono, si sono condensate in inchiostro e sono divenute testimonianza di un'indagine introspettiva appassionata e sincera. Questo testo nasce come tesi conclusiva per il Diploma presso la Scuola di Iridologia e Naturopatia "Luigi Costacurta" dell'Accademia Nazionale di Scienze Igienistiche Naturali "Galileo Galilei" di Trento. Ma più che in una tesi di ricerca sul corpo, si è coinvolti e trasportati in una ricerca di tesi che la lettura del proprio corpo, l'analisi della propria coscienza e lo studio della propria persona solleva e suggerisce.

Mettersi a caccia della verità pone sempre almeno tre provocazioni: quale l'oggetto da rintracciare? Dove? E, soprattutto, come? Il lavoro introspettivo che propone l'autrice è mosso e alimentato da queste tre tensioni.

"*Che cosa cercate*?" (Gv 1,38)

La domanda che Gesù rivolge ai primi discepoli smaschera l'interrogativo che ogni anima custodisce e coltiva. Mettere a fuoco l'oggetto della propria ricerca è il primo passo per orientare il senso della propria vita, indirizzare le proprie scelte ed evitare un'esistenza vagabonda e confusa. "Confusione": uno dei termini più frequenti sulla penna dell'autrice!

"Dove dimori?" (Gv 1,38)

Ad una domanda risponde una domanda. Gli ingranaggi della ricerca della verità aderiscono per inquietudine ad inquietudine. Soprattutto mettono in moto e in cammino per i luoghi, gli ambienti ed i panorami esistenziali spesso molto lontani dal punto di origine e di partenza.

"Venite e vedrete!" (Gv 1,39)

La questione del metodo è una delle più delicate e sensibili. Molto spesso, infatti, si travisa lo strumento con il fine o l'oggetto. Sovente Il "come" si indaga la verità determina il nostro modo di vivere, il nostro credo religioso e la selezione delle esperienze da praticare. L'idolatria delle tecniche, tipica delle risposte umane alle esigenze del mistero della vita, trova soluzione solo nell'accoglienza di un invito ad una esperienza del divino intima e personale.

Nell'itinerario introspettivo narrato in questo "diario", messo a fuoco l'oggetto della propria indagine interiore, trovato il luogo della esplorazione e superata la mitizzazione delle tecniche e delle filosofie, l'incontro con la Verità si presenta come una "apocalisse", una "rivelazione" che rivoluziona la visione di sé stessi, ribalta i giudizi sulla realtà del proprio corpo, e pacifica le turbolenze del cuore.

Soprattutto l'accoglienza del dono della Verità rimanda ad una "Parusia", cioè rilancia l' "attesa" di un ulteriore incontro, e nutre di senso e di quiete il desiderio di continuare la ricerca.

"La vita di ognuno è un'attesa.
Il presente non basta a nessuno.
In un primo momento, pare che ci manchi qualcosa.
Più tardi ci si accorge che ci manca Qualcuno.
E lo attendiamo."
(don Primo Mazzolari)

don Giovanni Zampa

lunedí 4 aprile '16

Corpo mio, eccomi!
È a Te che oggi offro un ringraziamento sincero
che nasce dal cuore.
Nell'attraversare le strade della vita sei stato prezioso compagno.
Lo sappiamo e sorridiamo; la nostra conoscenza é storia unica...
T'ho ignorato, maltrattato, considerato con indifferenza,
silenzi pieni di dubbi, violenti rimproveri.
Sei il compagno di cui mi sono piú approfittata
e che forse piú ho tradito.
Ora, vicina ai trent'anni, scopro con un po' di commozione
le tue cicatrici nascoste, i tuoi stupori, le infinite capacitá,
la tua tenacia... come dico sempre per farti dispetto:
"Non c'e' vittoria senza lotta".
Nonostante le fatiche, ce l'hai messa tutta
per far sí che t'amassi cosí. Bello come sei.
Insieme ci siamo tuffati in albe, tramonti, camminate, viaggi,
vento, musica, pensieri, lacrime, abbracci, libri, risate.
Preghiere.
Quando meno me l'aspettavo
Ti sei rivelato la mia primavera a novembre.
Mi hai insegnato il silenzio dove ho avvertito DIO.
Lí é stata rivoluzione.
Non sappiamo se ancora sará lunga,
sappiamo solo che fino a qui ne é valsa la fatica
Mi sorprendo ad amarti.

Maria

1. NATUROPATIA SULLA MIA PELLE

Sotto l'azzurro fitto
del cielo qualche uccello di mare se ne va;
né sosta mai: perché tutte le immagini portano scritto:
"più in là".

Eugenio Montale

Con stupore mi riscopro una persona particolarmente sensibile. Lo sono sempre stata. Dico con stupore perché da bambina e adolescente mi risultava assai difficile interpretare questo "sentirmi un po' diversa" rispetto a chi mi teneva compagnia. Non si tratta di poteri, veggenze o manie ma di una semplicissima e spontanea sensibilità verso le persone, la natura, la verità. Mi hanno sempre attratta le persone sincere, di cuore, umili, tenaci, con idee ferme e "sane", insomma mi hanno da sempre affascinata i pensatori instancabili rispetto ai tiepidi che si accontentano.

Dopo una formazione scolastica scientifica e una laurea in lingue, decido di iscrivermi a questa scuola. Unico motivo: approfondire una passione. Niente altro. Da subito, conferma del mio carattere, sposo lo studio con grande serietà. Cerco di scavare sempre più a fondo, tento di capire dove e come scovare un "perfetto" equilibrio di vita immersa nel trascorrere, a volte travagliato, del mio vivere quotidiano. Faccio immediatamente amicizia con ragazze squisite, anche loro in ricerca. Nasce un bel legame che ci permette di camminare e darci forza reciproca.

Primo anno, tutto luccica. Finalmente la mia spiccata sensibilità non è più un pesce fuor d'acqua ma nuota in un acquario di sentimenti molto simili. Realizzo con gioia di non essere sola nel cercare la verità nella semplicità delle cose. I professori mi affascinano molto così come le materie. Lo studio è parecchio ma soprattutto bisogna mettersi in discussione. Fare un balzo dentro sé stessi. Costa fatica.

Secondo anno, lo studio aumenta. Confesso di iniziare ad avvertire un po' di confusione dentro di me. Nessuna materia mi appassiona al cento per cento. Noto che molti compagni sono diventati "fanatici" di questa o quella disciplina. Provano rimedi, testano erbe, si iscrivono a nuovi corsi e soprattutto si lanciano a dare consigli a parenti ed amici. Giustamente applicano il loro sapere. Durante le lezioni si confrontano le esperienze. Io, come da copione, osservo senza prendervi parte. La dietetica mi incuriosisce più di altre materie. Sperimento. Passo dal nutrirmi come un micio al nutrirmi come un passerotto. Ben presto mi ricredo e torno sui miei passi. A casa studio molto ma non testo nulla, sperimento poco e tanto meno do consigli. Alle volte, in classe, fingo.
Mi sento una foglia appassita appesa ad un mandorlo in fiore. Tutto e niente mi convince. E' come se avvertissi dentro di me

che ogni cosa che imparo sa di verità ma è una verità che non mi fa innamorare. La confusione aumenta. Riaffiora il sentimento del pesce fuor d'acqua. Non mi spiego più nulla e tanto meno ho voglia di pormi altre domande sul perché delle mie sensazioni più profonde.
Lascio correre, è come se viaggiassi su un treno che squarcia la nebbia, alle volte filtra un raggio di sole. Spesso piove.

Terzo anno. Vola. Mi avvicino sempre più allo yoga. Alice, compagna di corso e grande amica, in questo campo è molto più avanti di me. Inizio con libri, dvd, musiche, pratico molto a casa. Mi pare di stare bene. A coronamento della fine della scuola, decidiamo di regalarci un viaggio lungo un'estate. Alice con tutti gli esami messi a segno, io con quattro ancora sul gobbo. Sì, arrancavo. Barcellona è una delle tappe del viaggio, motivo: partecipare allo yoga festival, settimana d'incontro internazionale per appassionati. In cuor mio non ho mai tollerato raduni di alcun genere, appartenenze a gruppi con tanto di oggetti di riconoscimento, bandierine dello stesso colore, magliette riportanti data e nome dell'evento con magari la scritta "io c'ero". Per non parlare dell'abbigliamento. Se sei vestito così e sfoggi questo o quello ok, sei dei nostri, altrimenti conti zero. Mi sorprendo assai nel riconoscermi felice per voler partecipare a questo festival. Sbarchiamo a Barcellona, raggiungiamo l'area dell'evento, trascorre mezza giornata ed è come se una parte dentro di me urlasse: "Marta, faresti meglio ad andartene". Non era il mio posto.

Assolutamente no. Alice rispetta la mia scelta. Così, mentre lei segue con impegno la lunga settimana di incontri e scambi, io porto a spasso i miei pensieri lungo le mille strade di Barcellona. Mi perdo, mi ritrovo, mi perdo ancora. Mi spoglio di un pezzo di me; non mi appartiene più e forse non ne ha mai fatto veramente parte. Un pezzo di Marta rimane nella città spagnola.

Nonostante tutto; il mio smarrimento non aveva cancellato le domande. In fondo al cuore stavo ancora cercando.

2. INCONSAPEVOLMENTE CERCAVO

"Everybody's got a hungry heart".
(Ognuno ha un cuore affamato.)

Bruce Springsteen

Cercavo continuamente. Instancabilmente. In ogni persona, in ogni esperienza tentavo, con mille sforzi, di intravedere un equilibrio, una verità che mi convincesse. Non la trovavo in niente e nessuno e non potevo mentirmi. Non riuscivo ad essere sleale con il mio cuore; arduo era accontentarmi di false felicità. Costantemente imperava in me la voglia di partire, per una specie di "esilio", dove sarei stata pronta ad accogliere qualsiasi soffio nuovo che passava. Sono partita tante volte, spesso sola. Tornavo felice ma piangevo. Sempre.

Un "santo" giorno una donna mi parlò di Dio. Per caso, senza averglielo chiesto, senza che io nutrissi particolare interesse. Non è questa la sede per raccontare i dettagli ma è questa l'occasione per dire che d'improvviso capii. Si accesero due lampadine; una nella mia testa e una, molto più forte, nel mio cuore. Bastò un giorno perché io collegassi fra loro i coriandoli della mia vita. Non dovetti ragionare molto. La Verità si fa giustizia da sola e il cuore la riconosce immediatamente per ciò che è, per la sua disarmante semplicità. La Verità: quella che avevo sempre disperatamente cercato. Avevo fame e sete di Dio ma non sapevo dare un nome ai miei desideri. Siamo stati creati "*a Sua immagine e somiglianza*"[1] e tutto il nostro essere è nostalgia del Padre, bisogno della sua Bellezza e della sua Felicità. Come scrive S. Agostino: "*E' per attrazione che ci si converte. Ed è dal piacere e dal godimento che si è attratti. L'uomo si muove spontaneamente, e non per costrizione, quando si trova in relazione con ciò che lo attrae e suscita in lui desiderio*"[2].

Dopo che questa Verità si è infilata nella mia vita si sono scoperte le carte. Ho capito tanto altro. La scuola di naturopatia, le mille teorie, le valanghe di libri letti, i tanti volti incontrati, i pensieri confusi e soprattutto lo yoga sono stati, per me, "una tecnica" per forzare la porta del cielo e conoscere il Signore. È stato un percorso fondamentale, estremamente formativo, parecchio sofferto ma che non rinnegherei mai perché ha contribuito a creare una persona diversa. Marta che sono oggi.

Questa è la mia avventura, srotolata piano piano nella sua semplicità. Ecco che, quanto scritto non vuol esser opera di presunzione, tanto meno con pretesa di raccogliere approvazione. E' soltanto testimonianza di una verità: la mia.

---

[1] Nell'ultimo giorno della creazione, Dio disse: "Facciamo l'uomo a nostra immagine, conforme alla nostra somiglianza" (Genesi 1,26). In tal modo, Egli completò la Sua opera con un "tocco personale". Dio formò l'uomo dalla polvere e gli diede vita condividendo il Suo stesso respiro (Genesi 2,7). Di conseguenza, l'uomo è unico fra tutte le creature di Dio, avendo sia una parte materiale (il corpo) sia una parte immateriale (l'anima/lo spirito).

[2] Agostino d'Ippona, *Le Confessioni,* VIII, 11.27.

3. APPARIRE NON ESSERE

"Se la gente salvasse la sostanza
con lo stesso impegno con cui salva l'apparenza,
quante cose cambierebbero."

Serena Santorelli

Anno duemila e sedici. Parola d'ordine: apparire. Carburante raffinato per i motori del mondo d'oggi: soldi, potere, sesso. Se hai conti, se non hai mettiti in un angolo e stattene buono. Si vive trasportando più forma che sostanza, più apparenza che realtà. Che cosa ci andiamo a fare a quella cena, per essere visti, per poter dire di esserci stati? Facciamo quello che facciamo perché ci crediamo o per farlo credere? Vogliamo davvero lavorare di più, guadagnare di più per procurarci una casa più grande con un armadio più spazioso e, alla fine, un funerale più costoso? Sì, è questo il modo migliore... il modo migliore per far avanzare un mondo di sazi ma disperati.

Ho letto che in Giappone, da qualche anno, hanno creato una sorta di "arte del meno" chiamata *danshari*. Il nome viene dall'unione di tre verbi: *dan* "rifiutare", *sha* "buttare", *ri* "separarsi dal desiderio di possesso". Chissà se questa visione troverà mai il coraggio di infiltrarsi in Occidente conquistando spazio a suon di sgomitate. La mia prima volta a Napoli sentii questa frase "Pochi ricordano che l'ultimo cappotto è senza tasche"[3]... mai l'ho dimenticata. L'apparire ha condotto il mondo al centro di sé stessi. Tutto è in scena. On-line. Pur di esserci si è disposti a condurre una vita fatta di sole comparse, abbagliando lati privati del proprio essere che supplicano ombra e quiete. Credo che questa incessante esibizione di beni, talenti e finta felicità non si limiti ad essere assurda ma anche controproducente. Le cose preziose si custodiscono; tutti sanno che la luce le opacizza, il tempo le logora e l'invidia le può sfregiare. Ma se non ci si concede tempo, vivendo solo aspettando persone, taxi ed eventi, quando si può pensare? Mai. Chiese Kurt Cobain agli altri Nirvana la sera prima di suicidarci: "*Ragazzi, voi vi state ancora divertendo?*"

Siamo arrivati al punto di aver contrabbandato la parola "amico" con la parola "contatto". Che cosa sono mai gli amici virtuali? Un "contatto" serve. È una conoscenza, un aggancio, una persona che può essere utile. Un amico viene servito, e riverito. Personalmente difendo ancora l'idea che l'amico vero è, come del resto ogni rarità, un lusso.

Servirebbe con urgenza che ognuno di noi facesse anche un solo passo a ritroso, sottraendosi alle luci della ribalta. Proteggendosi. Alle volte, infilarsi in apposite custodie è un riguardo. Una forma di saggezza.

---

[3] Proverbio non privo di umorismo e di ironia, con il quale si trasmette il frutto dell'esperienza e della saggezza di un popolo: non serve mettere da parte le ricchezze e i beni materiali perché quando moriremo non potremo metterci nulla in tasca nell'ultimo viaggio.

4. CORPO OGGI. OSSESSIONE

Cerco le rarità.
Cosa me ne faccio di una quotidiana bellezza?
Voglio che le cose mi sorprendano,
mi lascino senza fiato.
Voglio il difetto che rende uniche le cose.
L'unicità... degli imperfetti".

Alessandro Vettori

Ci siamo. E' chiarissimo. L'apparire domina ed il culto del corpo ne rappresenta un'icona esemplare. Oggi a caro prezzo.
Si osserva una cura della propria immagine talmente ossessiva da ritenersi patologica. Riflettendoci "*fratello asino*"[4] - come San Francesco d'Assisi definiva il nostro corpo - ne fa le spese e ne subisce le conseguenze in modo insofferente e grottesco.

Creme, massaggi, lifting, laser, botulino, ginnastica di ogni tipo, yoga, accorgimenti posturali e cosmetici; tutto per raggiungere un solo obiettivo, risultare invidiabili. In una parola perfetti.
Marketing e pubblicità hanno abilmente trasformato il corpo in una gallina dalle uova d'oro. Basta nutrire un pizzico di insoddisfazione per il proprio aspetto ed è fatta. Ci hanno già adescato. Ci hanno già proposto e promesso miracoli. Tutto questo per evitare nevrosi, disistima a livello personale e la

[4] S. Francesco d'Assisi chiamava il suo corpo "fratello asino". Qualcuno si appella a queste parole per affermare che il nostro corpo va continuamente corretto perché è causa di peccato, e quindi "va battuto come un asino".

condanna degli altri. Gli altri, ovvero il metro di giudizio della nostra autostima.
Curioso notare come questa ossessione, a modificare i propri tratti, si riscopre anche in oriente dove giovani e non più giovani si fanno rifare occhi e palpebre all'occidentale o, addirittura, allungare le gambe con particolari strumenti ortopedici di trazione.

Specchio, specchio delle mie brame… è rivolto a lui il nostro primo saluto della giornata. È lui che ci fa inorridire, che ci dice quanto siamo brutti, grassi, sgraziati, deformi. Tranquilli, sarà il bisturi a farci tornare alle grazie di una dea. Solo così si potrà realizzare l'obiettivo tanto ambito: apparire! Belli, piacenti, gradevoli di aspetto con un corpo mozzafiato e un volto incantevole.

Nel profondo, voglio credere che ciascuno si rende ben conto che i corpi di riviste e pubblicità sono ritoccati per apparire al top. Tentano di manipolarci con bellezze fittizie, ideali, finte, ingannevoli. Guardiamo stupiti corpi falsi eppure ci rodiamo l'anima pur di assomigliare a qualcuno.
Si preferisce omologarsi all'ideale di bellezza universalmente proposto anziché apprezzare le proprie caratteristiche, ovvero ciò che ci rende diversi.
Per molti, l'unicità dell'essere è utopia. Continuiamo a bere del pessimo vino preoccupati che i calici siano di cristallo.

5. PERCHE' TUTTO QUESTO?

Perché l'uomo cerca, affannosamente, costantemente, spesso inconsapevolmente? Perché l'apparire, i soldi, il sesso, la smania di potere, l'infelicità? A queste mie domande ho trovato "una", "possibile" risposta profonda in un libro letto la scorsa estate. Parole discutibili, che aprono finestre di riflessione e forse anche di confusione ma che, a mio avviso, vanno oltre. Ecco perché mi hanno affascinato. Fanno guardare al di là, come piace tanto fare a me. Ci tengo a riportare il paragrafo che mi ha colpito.

Tu e le stelle

Tutti gli uomini cercano di essere felici,
compresi quelli che stanno per impiccarsi.
Blaise Pascal

"Siamo creature desideranti. Ma cos'è che veramente ci manca? Cosa desideriamo? C'è una traccia lasciata dall'etimologia stessa della parola: de-sidera è una condizione in cui non si vedono le stelle. Quella degli antichi aruspici quando non potevano scrutare il cielo stellato e perciò non erano in grado di decifrare il destino.
I desiderantes siamo tutti noi. Inquieti cercatori, sognatori sempre inappagati, viandanti costantemente insoddisfatti, mancanti o caduti, delusi o feriti, indagatori curiosi e

appassionati, sempre bisognosi di altro, con un vuoto dentro che è un abisso dove ci si può perdere.

Non c'è nulla nell'universo che può veramente saziare il desiderio umano. Nessuna creatura, per quanto desiderabile, nessun bene terreno, per quanto grande e ricco, riesce a estinguere la fame e la sete di qualcosa che resta indecifrato e che fa struggere il cuore. Siamo un mistero che supera l'universo intero.

Ed ecco l'infelicità e l'irrequietezza, le confusioni, gli abbagli e le ansie, con il consueto ingarbugliarsi delle vicende umane e le tante sofferenze che ci infliggiamo a vicenda e che, su scala collettiva e planetaria, diventano tragedie.

Ecco la nostalgia di una patria ignota, di un amore mai conosciuto, di una felicità mai sperimentata, di una ricchezza mai posseduta, di un'estasi introvabile per cui eravamo nati.

Le ideologie del Novecento hanno mutilato l'uomo pretendendo di privarlo del Cielo, della sua domanda di infinito, ma così hanno costruito inferni e l'hanno disumanizzato.

L'uomo non può vivere senza le sue domande ultime e senza trovare la risposta. Tutto ciò che è umano ha dentro questa tensione verso il Mistero, verso l'Assoluto, tutto ciò che è umano è un grido verso la morte e contro il nulla. Un'aspirazione all'eternità.

"Come diceva Wittgenstein: i fatti del mondo non sono, non saranno mai, la fine della questione. È da questa convinzione, alla quale aderisce probabilmente la vasta maggioranza degli

uomini, persino in un'epoca scientifica e tecnologica, che nasce la nostra cultura".

Così scrive George Steiner, uno dei più grandi e geniali intellettuali del nostro tempo. Steiner – di cultura ebraica e di convinzioni agnostiche – prosegue "L'intuizione (...) o la congettura, così stranamente resistente a ogni confutazione, che esista un'"alterità" irraggiungibile conferisce alla nostra esistenza elementare una pulsazione d'insoddisfazione. Siamo le creature di una grande sete, ossessionate dal ritorno a una grande casa che non abbiamo mai conosciuto. (...) Più che homo sapiens, l'uomo è homo quaerens".

Tutte le espressioni artistiche dell'uomo nascono da qui. Scriveva Fernando Passoa: "La letteratura, come tutta l'arte, è la conferma che la vita non basta". E com'è grande e struggente l'uomo che cerca la verità e che desidera l'eterno, l'uomo agitato da quel grande Amore sconosciuto - che muove il sole e l'altre stelle -"[5].

---

[5] Antonio Socci, *Avventurieri dell'eterno*, Rizzoli, Milano 2015, p. 69.

6. OLISMO E CORPO

"Conoscerete la verità, e la verità vi farà liberi".

Giovanni 8, 32

Mi ha sempre affascinato l'origine della parola "Naturopatia", associazione dei due termini Natura e Pathos. Richiama non solo il rapporto tra tutto ciò che è caratteristico della Natura e ciò che è coinvolgimento, sentimento e sofferenza, ma anche il rapporto tra Uomo e Cosmo. Ogni individuo è connesso con la totalità, ma allo stesso tempo "È" in maniera diversa. In questa concezione globale della vita e delle leggi dell'universo si inserisce la visione olistica della medicina e della salute. L'uomo diventa riflesso di ciò che avviene in natura, è unità di mente e corpo, di materia, spirito e anima.

Studiando, ho appreso che il campo delle discipline olistiche, è molto vasto. Omeopatia, medicina ayurvedica, agopuntura, yoga, reiki, pranoterapia, riflessologia, iridologia, cristalloterapia, rebirthing, zen, shiatsu... E' qui che scorre un filo sottilissimo. Molte di queste discipline, siano esse tecniche di autoguarigione, rilassamento, difesa personale o maggior conoscenza di sé, hanno spesso un obiettivo comune: far entrare l'uomo in contatto con forze nascoste che le religioni orientali chiamano "energia vitale", "forza vitale" o "principio vitale" dell'universo. Spesso, chi pratica è in grado di percepire in se stesso queste forze spirituali sperimentando capacità attribuibili a un intervento occulto o medianico.

Personalmente ero attratta dal misticismo e dal rispetto per la Madre Terra. Questo aspetto si traduceva concretamente nel perseguire ideali assolutamente ecologisti, animalisti, bio-centristi, vegetarianisti. Tutti principi rispettabili ma nel momento in cui sfociano nel fanatismo diventando la propria ragion di vita, si trasformano in altro.

Ho capito a posteriori che era proprio questo aspetto a non convincermi. I "miei conti personali" non tornavano. Da una parte ragionavo sull'idea di sfruttare le forze della natura, cercando di intravedere un altro mondo dove fosse scritto il destino dell'uomo, dove sintonizzandosi sulla giusta frequenza fosse possibile trarre il meglio da sé e dalle circostanze. Dall'altra parte pensavo al cristianesimo, al suo invito nel guardare oltre, cercando Dio.

Dio che, come posso testimoniare, non smette mai di chiamarci e aspetta ognuno di noi.

Essendo in totale confusione interiore, la mia fede vacillava moltissimo. Avanzavo a tentoni cercando di trovare un punto d'incontro tra pratiche *New Age* e principi cristiani. Intento completamente vano visto che tra questi due universi c'è totale incompatibilità. Incoscientemente perseguivo ideali il cui messaggio sfocato era quello di uomo-Dio che rifiuta di accettarsi come creatura che dipende dal Creatore, che respinge il principio di resurrezione e pretende di auto-salvarsi. Ho capito a posteriori che il voler sostituire l'uomo a Dio ha una forte carica anticristiana.

7. LA MIA ILLUSIONE: IL CORPO BASTA A SE' STESSO

"Essi cercano sempre d'evadere, dal buio esterno e interiore, sognando sistemi talmente perfetti. Più nessuno avrebbe bisogno d'esser buono".

Thomas Stearns Eliot

Studiavo, leggevo, cercavo. Avevo sviluppato una forte idea di relativismo e un'indifferenza totale verso la fede cristiana. La libertà, l'autenticità e soprattutto l'autonomia erano i miei valori. Consideravo il corpo al centro di tutto. Abbracciavo la convinzione, forse *New Age*, che solo lo sviluppo del potenziale umano, racchiuso nel corpo, avesse la forza di mettere in contatto con la propria "divinità interiore". Solamente quando il corpo è in sintonia piena con la natura si crea contatto con l'energia interiore e cosmica. La fonte della guarigione siamo noi.

Come ho detto, in quest'ottica di fusione fra corpo e natura apprezzavo molto l'idea che il calore della Madre Terra, che pervade tutto il Creato, potesse colmare il divario fra Creato e Dio eliminando la prospettiva di essere un giorno giudicati. Apprendevo in continuazione che, attraverso una vasta gamma di tecniche e terapie, il corpo fosse in grado di raggiungere l'autorealizzazione, secondo un ordine di valori che noi stessi creiamo e che otteniamo con le nostre sole forze. Credevo in un sé che si auto-crea, in un corpo che racchiude un Dio: sé stesso.

Corpo come materializzazione di una misteriosa scintilla divina che ricollega l'unità al tutto, noi siamo co-creatori e creiamo la nostra realtà personale e realizziamo la nostra salvezza, auto-salvezza.

E' chiaro che, con queste convinzioni, non potessi capire come il Cristianesimo ritenesse necessarie le idee di Rivelazione e Salvezza provenienti dal di fuori della persona. Guardando oltre il corpo.

Alle volte, studiando, leggevo di Dio ma sempre sotto forma di "energia impersonale", "unità cosmica", "tutto è uno". Sinceramente su questo punto andavo un po' in confusione, o meglio, mi affascinava molto il concetto ma allo stesso tempo era complesso e sfuggente. Non approfondivo e continuavo a pensare che soltanto la celebrazione del corpo, in tutte le sue potenzialità, potesse portare alla vera realizzazione. La normalità mi appariva come un concetto moralmente pesante, strettamente legato a norme assolute. Preferivo decisamente un rapporto ottimistico con il cosmo alla ricerca dell'assoluta integrità corporale, della salute e della felicità.

8. LA MIA CONQUISTA: IL CORPO E' RIFLESSO DI LUCE

"Dove finisce la nostra capacità
inizia la nostra fede.
Una forte fede vede l'invisibile,
crede l'incredibile
e riceve l'impossibile".

Daisaku Ikeda

Come già accennavo, dopo che il Signore mi ha presa per mano, ho capito che è la sete ardente di assoluto a mettere l'uomo nella giusta disposizione di spirito per la ricerca della Verità[6]. Ma è qui che, a mio avviso, nasce una tremenda spaccatura: sia che questa ricerca si rivolga, con la filosofia e la teologia, nella direzione dell'intelletto, sia che si rivolga, con

---

[6] *Grande Antologia Filosofica*, Marzorati, Milano 1966, vol. IV.
Il cristianesimo è una religione rivelata, attinge ad una verità dichiarata. La distinzione tra platonismo e cristianesimo appare molto chiara nella nozione di verità. Molti modi di parlare della tradizione cristiana ci mostrano che cosa sia per essa la verità. Nei primi secoli, Dio veniva più volte chiamato "il Dio della verità" o "il Padre della verità". Con queste formule i cristiani non volevano esprimere l'idea platonica che Dio è la realtà suprema (idea indubbiamente giusta, ma che non corrispondeva alle loro aspirazioni); queste formule significavano per loro Dio come colui che ha rivolto a noi la sua parola, Dio come fonte della verità e della rivelazione. Troviamo un bell'esempio in una preghiera degli *Atti di Tommaso:* "Ti lodo, Signore Gesù, perché tu hai rivelato la tua verità tra questi uomini; perché tu solo e nessun altro sei il Dio della verità". Abbiamo udito la parola decisiva: "Tu hai rivelato". La verità cristiana non è dunque, come nella filosofia greca, l'essere assoluto di Dio stesso, ma la parola di Dio, la divina rivelazione, comunicataci in Gesù Cristo, e che diventa per noi la norma della vita e la fonte della santificazione. Lungo i secoli troviamo tutta una serie di espressioni dove quel significato della parola e "verità" appare immediatamente; ecco alcune di queste formule: la verità cristiana, la verità cattolica, la verità della fede, la luce della verità, la spada della verità. Il Concilio d'Orange, nel *529,* usava come equivalenti le parole *verità* e l'espressione "la predicazione salvifica", quella del vangelo; nello stesso senso, il Concilio tridentino diceva che il vangelo è la fonte di ogni *verità di salvezza: "fontem omnis et salutaris veritatis"* formula che fu ripresa nel nostro tempo dal Concilio Vaticano II. E' dunque una cosa ovvia; per la tradizione cristiana la verità è la divina rivelazione, il messaggio della salvezza, la vera fede, la dottrina del vangelo predicata dalla Chiesa.

la preghiera e con la fede, nella direzione dell'anima, non è da sé stesso che l'uomo si illumina, come vorrebbero certe dottrine orientali e come suggeriscono le tendenze moderniste e idealiste.

Credo vivamente che la tradizione cristiana non possa essere scansata e abbattuta per spianare la strada a una religione pienamente "umana", come quella delineata dalla *New Age*, nella quale non è Dio, ma l'uomo a scrivere la prima e l'ultima parola.

Gli infiniti tentativi nel cercare il centro esclusivamente dentro me stessa si sono rivelati totalmente vani. Non trovavo né me stessa, né il mondo, né Dio, ogni cosa diveniva complicata, assurda e incomprensibile. Cara Marta cercavi di capire, ingenuamente, se fosse possibile invertire e snaturare un ordine preciso: quello fra creatura e Creatore, fra uomo e Dio. Pensavi ci fosse una scorciatoia che colmasse la distanza abissale tra finito e infinito. Ripensandoci, mi rendo conto di aver azzardato parecchio con i miei ragionamenti sovversivi. Guardavo la punta dei miei piedi anziché guardare il cielo. Oggi sorrido.

Se potessimo raggiungere la Verità con le nostre sole forze, con la nostra sola intelligenza, con i nostri soli ragionamenti, allora non saremmo più delle menti finite e inadeguate, ma saremmo una cosa sola con la mente universale, cioè con Dio. Saremmo Dio: dovremmo solo capire di essere una sola ed unica cosa con Lui. Ma l'uomo non è Dio e, ogni volta che tenta di esserlo, è portato a divinizzare la natura, il pensiero, la storia, la ragione, la scienza, la tecnica, e così via.

Il corpo è una scintilla dell'essere, ma una scintilla che non si dà la luce da sé stessa, la riceve. Il corpo è riflesso. Stupendo riflesso di luce. Per natura siamo finiti, limitati, imperfetti, dunque non possiamo accogliere se non in maniera ugualmente finita, limitata, imperfetta. Ecco che la mente umana non può contenere concetti quali la Misericordia o l'Eternità.

La frase "*Mistero della Fede*"[7] mi piace tanto. Certo, credere è di per sé un mistero ma Gesù è troppo simpatico, lo sa che il *mistero* è per noi enorme e per questo non ci lascia mai soli.
Insomma, è Gesù.

Credo che per avvicinarsi alla Verità, l'uomo debba farsi umile, riconoscere la sua piccolezza, la sua limitatezza, la sua insufficienza, debba confessare la sua presunzione, la sua superbia, la sua arroganza, debba dichiararsi, in altre parole, peccatore.
Il corpo si rivela mezzo potente attraverso cui cercare la voce di Dio; voce che richiama alla propria scintilla divina e che spinge verso lo scopo della propria esistenza: la ricerca di

---

[7] Il mistero della fede è, nella sua ultima accezione, l'espressione teoretico-conoscitiva dell'infinità di Dio. Esso non solo chiede di essere riconosciuto ma impone anche l'adorazione nella preghiera. Cfr. http://it.cathopedia.org/wiki/Mistero_della_fede.

quella Verità che l'uomo, da solo, non è in grado di raggiungere e che, se pure gli viene dall'Alto, non premia un suo personale sforzo, ma giunge dalla gratuita bontà divina.

"*Non sia turbato il vostro cuore e non abbia timore, abbiate fede in Dio e abbiate fede anche in Me*" (Giovanni 14,17). La fede è la luce, è la strada che ci ricondurrà al porto sospirato, anche tra le tenebre e le tempeste della vita. La fede è la forza che vincerà ogni difficoltà, ogni dubbio e le paure che ci accompagnano nel viaggio, la fede come la più saggia della guide ci darà la vittoria in ogni battaglia. Il nostro posto già adesso è pronto, è il Cuore di Dio, il Cuore dell'Amico più grande sul quale sempre possiamo riposare.

9. IL CORPO CHE NOI SIAMO

"Tu sai cosa desideri,
ma Dio solo sa che cosa ti giova".

Sant'Agostino

Ci siamo omologati, ridotti a pura esteriorità, zittiti. In fin dei conti abbiamo neutralizzato e banalizzato il nostro "povero" corpo. Anche la differenza sessuale sembra relativizzata e non più percepita come segno infrangibile della differenza d'essere fra uomo – donna.
Nonostante questo, credo sia soprattutto nei nostri vissuti personali che emergono i segni della difficoltà a vivere il corpo, nelle patologie e nelle deviazioni, nel rapporto con il corpo nostro e degli altri, nelle difficoltà a entrare in consonanza con il corpo, difficoltà che si riflettono anche sui piani della relazione con gli altri, dell'assunzione della realtà, del rapporto con Dio.

Se il corpo, come sottolinea la concezione biblica, è il crocevia delle relazioni del singolo con gli altri, con la società, con il creato e con Dio stesso, ciò ha una ricaduta precisa sull'esistenza di ciascun uomo. Intendo dire che noi siamo anche la storia del nostro corpo a partire dalla sua origine. La nostra storia personale non parte semplicemente dal giorno in cui siamo "venuti alla luce", ma risale al concepimento e ai mesi di vita "dentro la mamma". Credo molto nel fatto che il corpo sia portatore di una memoria profonda: conserva tracce invisibili ma realissime di ciò che l'uomo ha vissuto, provato e sofferto. Questa memoria viene fatta emergere dalle esperienze che ciascuno vive: il corpo si rivela libro del tempo, il libro su cui restano registrate emozioni, sofferenze ed esperienze di un passato che non è dietro a noi ma dentro di noi. Il corpo parla un linguaggio che anticipa e trascende l'espressione verbale. È dunque essenziale ascoltarlo.

Posso testimoniare che la vigilanza e la preghiera trovano qui il loro fondamento essenziale. Ascoltare il proprio corpo consente di decifrare anche il corpo dell'altro, o quantomeno di porsi in una condizione in cui si può entrare in una comunione con la storia dell'altro, che sempre affiora nel suo corpo. Allo stesso modo, solo entrando in contatto con la propria sofferenza profonda si può provare autentica compassione ed entrare in comunione con il soffrire della persona che ci è accanto, e che giustamente rifiuterà chi si porrà al di fuori della sfera di sofferenza che lui patisce.

Il Signore mi ha insegnato a vivere tutto questo nel Suo nome, "*… capace di compatire le nostre debolezze, essendo stato Lui stesso provato in ogni cosa, a nostra somiglianza*" (Eb 4,15).

Il Super-io troppo spesso ci fa nutrire false illusioni proprio perché non passano attraverso il vaglio del corpo.
E' questo il nostro modo di essere nel mondo, di prendervi

parte, di rispondere ai suoi molteplici richiami e alle sue sollecitazioni di gioia o di dolore, cose tutte che plasmano il nostro corpo, fino a renderlo immagine fedele del nostro carattere, di chi noi siamo. Il corpo viene costruito da noi, dagli altri, dagli eventi e con Dio.

Io cerco, nella fede, di far in modo che l'umanità di Gesù plasmi la mia. Ho intuito che lo sguardo degli altri, a partire da quello dei miei genitori fino a quello di Dio, ha dato forma alla mia persona. L'esperienza spirituale è essenzialmente un'esperienza corporea: affetti, relazione, desiderio, limite, sofferenza, domande... Se tutto questo è vissuto in profonda relazione con Dio, guardato con gli occhi della fede, la vita acquista una nuova portata. Il quotidiano, se vissuto in comunione con Cristo, costituisce un fecondo punto d'incontro tra conoscenza di sé e conoscenza di Dio. L'esperienza spirituale diventa esperienza corporea: si percepisce la Sua presenza in ogni passo della vita. Un cammino certamente non facile, ma avvincente, la cui posta in gioco è la verità di sé stessi.

Credo dunque, che non si tratti soltanto di non fuggire il corpo, ma occorre imparare ad abitarlo in tutta la sua potenzialità relazionale. Ciò che avviene nello spirito ha estremo bisogno del corpo per essere manifestato. L'anima non si esprime e non traspare se non nel corpo.

Il volto e le mani sono le uniche parti del corpo da cui traspare l'anima, in cui il cuore si lascia intuire: essi "tradiscono" la persona. Le altre parti rivelano poco, richiamano la specie. Sulla carta di identità non si fotografa né un ginocchio né un braccio: sono anonimi. Le impronte digitali e il viso sono unici al mondo, forse perfino unici nella storia. Sono le uniche parti del corpo che l'abito non nasconde. Se il pudore è inseparabile dalla nudità è perché si ha forse paura di non essere più guardati in viso, segno della persona, ma nel sesso, segno della specie. Paura di essere ridotti a oggetto, alienati.

Ripensando alla mia esperienza a braccetto con lo yoga noto che, le posizioni dello *hata-yoga* sono centrate sulle gambe, sul bacino e la colonna vertebrale; i gesti liturgici sono centrati sull'atteggiamento delle braccia e delle mani.
Il Budda tiene le mani davanti al pene. Sulla croce le mani di Cristo sono ben aperte. Ma è soprattutto osservando il volto che ho potuto cogliere l'immediata differenza tra la concezione cristiana dell'uomo e quella delle religioni orientali. Mi è bastato confrontare il volto etereo, neutro del Budda e quello preda della sofferenza fino ad essere sfigurato del Cristo, come si può vedere anche dalla Sindone.
Nel primo rughe camuffate, nel secondo ferite accettate e sofferte. Un'impassibilità ottenuta, una vulnerabilità accolta. Una serenità ascetica, una bellezza straziata.

Un silenzio ripiegato su sé stesso, un raccoglimento aperto all'altro, un di-dentro ermetico, una interiorità accessibile attraverso le sue stesse ferite. Un'assenza, una Presenza: due mondi.

Mi rendo conto di aver fatto emergere una descrizione piuttosto cruda[8]. Si, la mia descrizione è categorica ma è quello che personalmente percepisco.
È quello che per me è vero.

---

[8] Giacinto Bazzoli, il professore che mi sta seguendo in questo lavoro, mi fa notare che paragonando l'immagine del Budda con l'immagine di Cristo mi sono addentrata in una descrizione legata all'iconografia tradizionale che andrebbe paragonata con quella della nostra tradizione. A riguardo ci sarebbe molto da dire ma non è questa la sede adatta.

10. CORPO CHE PARLA. DAL *MANTRA* ALLA PREGHIERA

"Non dipende dalla volontà né dagli sforzi dell'uomo, ma da Dio che usa misericordia".

(Rm 9, 16)

Nel tempo che ho trascorso nell'approfondire e praticare lo yoga cercavo, come mi insegnavano, un aiuto per stare meglio nel mio corpo, grazie a una conoscenza e ad un controllo più efficace di tutte le sue potenzialità. Devo essere sincera, è innegabile che lo yoga, a volte, questo risultato lo produce. La conoscenza dell'organismo umano che le diverse culture dell'Estremo Oriente mostrano di avere è sbalorditiva. Arrivano a sfruttare possibilità insospettate del corpo umano. Buone vibrazioni, corrispondenze cosmiche, armonia ed estasi, in generale esperienze piacevoli. Si cerca di individuare la propria verità secondo un criterio di benessere.
Ho realizzato a posteriori il fatto che il mio voler approfondire lo yoga fosse puro desiderio e bisogno di un'esperienza spirituale profonda ma soprattutto duratura, che in mezzo alle discordanze delle mie voci interiori ed esteriori venisse a colmare il vuoto di serenità, pace e luce che sentivo. Non credevo più in niente e stavo per finire di credere a tutto.

Più avanzavo più capivo che la pratica dello yoga mi richiedeva dedizione sistematica e laboriosa a determinati esercizi. Non si limitava all'aspetto puramente corporeo di distensione fisica o psicologica, si trattava di pratiche che non possono essere separate dai presupposti filosofici e religiosi che li hanno ispirati. Ecco che, conciliare preghiera e *mantra*, mi suonava tanto strano. Oggi, credo vivamente che lo yoga, anche nella suo forma più diluita, non è né neutro né innocente dal punto di vista della fede ma è chiara espressione di una concezione religiosa dell'esistenza e del mondo. Comporta un rituale: per praticare nel modo più conveniente si cerca di creare - attraverso la disposizione dei luoghi, degli oggetti, dei mobili - tutta un'atmosfera favorevole. Spesso mi sono trovata in "sale di preghiera" o "giardini di meditazione" che rivestivano un carattere sacro. Attraverso gesti, atteggiamenti del corpo, segni e simboli, si dispiegavano riti veri e propri, una specie di "liturgia" di cui percepivo l'ambiguità ma non riuscivo ad afferrarla. Una volta, in una comunità Yoga, durante un momento non meditativo, ricordo di aver avuto la forte sensazione di ritrovarmi bambina e correre per il giardino dell'oratorio. Confusione totale. In completa buona fede credevo di aver "ritrovato" una maggior serenità interiore anche se il vuoto mentale e lo spogliamento ai quali mi esercitavo erano l'opposto della vera orazione, distruttivi dello spirito di preghiera. Sono certa che, alla lunga, questi atteggiamenti queste cerimonie, queste frequentazioni di luoghi vuoti della presenza di Dio, mi avrebbero portata a modellare totalmente il mio comportamento, la mia mentalità, la mia vita interiore non avendo più nulla a che vedere con il centro della vita cristiana che è comunione con Dio.

Avevo la sensazione che solo perseverando, con tecniche e metodi yoga, avrei progressivamente raggiunto gradi più elevati della vita spirituale. Forse era la segreta convinzione che, pagando il prezzo dovuto, avrei potuto ottenere una sorta di "anticipo sulla grazia", cioè che avevo per conto mio le risorse necessarie per ottenerla. Me ne guardavo bene dal diventare schiava di esercizi e pratiche, anche se l'aver tralasciato una seduta, il non esser riuscita in una posizione o il non aver raggiunto il grado successivo suscitavano in me una sorta di "senso di sconfitta". Diciamo che il metodo era diventato una specie di ricetta per ottenere lo stato mentale desiderato: l'illuminazione spirituale. La tecnica era la preoccupazione: personalmente, l'eseguire esercizi e posizioni in maniera sempre più perfetta era diventato di fondamentale importanza, lo stato di "benessere" era passato in secondo piano, contava soltanto la tecnica, al beneficio ci avrei pensato dopo. Chissà quando. Avevo fiducia nei miei sforzi più che nella misericordia di Dio.

Attraverso la preghiera ho capito che la carità non si conquista né si merita a forza di braccia o con esercizi correttamente eseguiti. L'unione con Dio è una grazia gratuita. Ciò che fa ostacolo non è il Dono stesso, ma la nostra resistenza a riceverlo; è questa che il Signore ha vinto con me. Fin dalla mia prima esperienza di "vera preghiera", con il cuore intendo, ho scoperto che Dio si rivela e si comunica in un soffio e il suo passaggio è sempre imprevedibile, inafferrabile e al di là dei

nostri poveri mezzi. Ho notato che la mia improvvisa illuminazione della fede ha ben poco a che vedere con quello che pretendevo di ottenere con esercizi, *mantra*, concentrazione e vuoto mentale.
Che nessuno si offenda, questo è stato il mio cammino e oggi non posso negare a me stessa il mondo nuovo che si è dischiuso davanti ai miei occhi.

Siamo corpi creati a immagine e somiglianza di Dio con la capacità di entrare in relazione con Lui attraverso la preghiera. L'incontro che nasce, dal più semplice al più elevato, non sarà mai qualcosa di dovuto, ma un regalo, per il semplice fatto che si tratta di una Persona che si dona, e perché un amore non si compra. Se per incontrare Dio dobbiamo da parte nostra prepararci spiritualmente (pentimento, desiderio di conoscerlo), e anche fisicamente (non si prega bene nel rumore o in condizioni fisiche disturbate), se occorre anche un certo metodo, niente di tutto questo può essere elevato a sistema o a tecnica infallibile.

Santa Teresa d'Avila diceva "*Agli inizi bisogna cercare di procedere con allegrezza e liberà di spirito, mentre alcune persone temono di perdere la devozione se si distraggono un po'*"[9]; insomma non dipende tutto dalla "nostra industria". Trovo molto incoraggianti queste parole. Per me la preghiera è

---

[9] Teresa d'Avila, *Libro della mia vita,* Paoline Editoriale Libri, Milano 2006.

stata ed è un incontro vivo, che sprigiona un'attrattiva; è come se la mia vita avesse acquistato un respiro, una portata, un'intensità mai conosciuta prima. E' un atteggiamento del cuore, un modo di essere di fronte al Tu di Dio prima ancora che il compiere un culto. Con la preghiera il corpo si trova davanti a qualcuno, di fronte a un Altro riconosciuto più grande. Yoga e meditazione mi conducevano verso un ripiegamento su me stessa, la preghiera ha creato apertura, un muoversi verso, cercando un rapporto e soprattutto un dialogo con Dio[10].

Ripeto che il mio intento non è assolutamente quello di fare prediche o comizi, se a tratti questo traspare, me ne scuso e mi dispiace. Non voglio offendere nessuno e ci tengo a precisare che porto un grande rispetto per tutto ciò che è diverso. Nel caso specifico, lungi da me giudicare chi ha trovato giovamento attraverso yoga e *mantra* o chi è riuscito ad affiancarli alla preghiera. Il mio cammino interiore è stato lungo e parecchio sofferto ed ora che ho scoperto la via che mi dà vera pace sono investita da entusiasmo. E' come se mi fossi innamorata.

---

[10] Il professore mi fa notare che forse sto azzardando troppo, i miei giudizi sono spesso categorici e i toni definitivi. Mi fa presente che la preghiera silenziosa con il *mantra* appartiene alla tradizione sia cattolica che ortodossa. Viene praticata nei monasteri e ha le sue origini dai santi Padri del deserto all'inizio dell'era cristiana. Il *mantra* più comune allora era il *Kyrie Eleison*. Uno dei più illustri maestri della meditazione con il mantra è il benedettino John Main il quale ha scritto decine di opere.

E' un po' difficile nasconderlo[11]. Personalmente non mi va di tergiversare riguardo a certi argomenti soltanto per apparire più democratica o per timore del giudizio degli altri. Non credo si tratti di mancanza di umiltà bensì di ricerca appassionata, portata avanti nel massimo rispetto verso chi difende pensieri profondamente diversi.

Ho sempre esaltato il valore della libertà, rincorrendola nel relativismo, nelle soddisfazioni furtive, nel tutto è concesso, nei viaggi senza méta, nella confusione totale. Poiché il Signore ci conosce, con me ha spinto proprio su questo valore: mi ha spiazzata con il concetto di libertà. Con il tempo, mi ha fatto capire che la preghiera nasce dall'incontro di due libertà, Dio che liberamente e per amore si rivolge all'uomo, l'uomo che liberamente e per amore cerca il volto di Dio. Nel momento in cui Dio ha "toccato" l'uomo creandolo "alla vita", sostenendolo "nella vita", salvandolo "per la vita", ha posto nell'essere e nella storia dell'uomo un'ansia d'infinito, una nostalgia d'eternità, una ricerca di bellezza, un desiderio d'amore, un bisogno di luce, una sete di Verità, che lo attirano. Ecco che si rivela con semplicità l'anima della preghiera: l'attrazione verso Dio.

Confesso di aver avvertito un'avversione improvvisa verso i concetti di "energia impersonale", "unità cosmica", *Pacha*

---

[11] Il mio professore lo definisce entusiasmo da neofita, che andrebbe placato. Certo, con il tempo il panorama si allargherà anche per me e scoprirò nuove cose. Ad oggi, il mio cercare mi ha condotto fino a qui, dove tutto ha riacquistato senso.

Mama, “tutto è uno”. Forse perché non li ho mai veramente capiti e mi creavano nient’altro che confusione, forse perché il Signore mi ha fatto intuire che l’unico, vero, potentissimo motore è la preghiera. Preghiera, la cui forza è invasa dallo Spirito Santo.

Esso abita in noi in virtù del Battesimo e fa giungere a Dio il suo grido attraverso il nostro. In sua assenza saremmo subito tentati di scoraggiarci di fronte alla difficoltà di dialogare con Dio e, soprattutto, di fronte alla tentazione dello spirito del male che si oppone radicalmente alla preghiera. Lo Spirito Santo è autentico impulso d’amore che spalanca il cuore, è lo slancio della preghiera.

San Paolo dice “*Non sapete che il vostro corpo è il tempio dello Spirito Santo che è in voi e che avete ricevuto da Dio? Quindi non appartenete a voi* stessi” (1Cor 6, 19).

La vita cristiana è vita in Cristo, esperienza di amore con Dio, trasformazione della persona in figlio di Dio e la preghiera è l’anima e la luce di questo cammino.

11. NON REINCARNATI MA RESUSCITATI

"I never changed. I just learned".
(Non sono mai cambiato. Ho soltanto imparato.)

Hussain Asger

Nel mio periodo "buio di fede", quando leggevo riguardo a *karma*, reincarnazione, *samsâra*... non andavo molto in confusione. Mi spaventavo e basta. Evitavo accuratamente di approfondire la questione pensando che solo una volta raggiunti livelli di meditazione più avanzata, avrei probabilmente afferrato il concetto. Ricordo di un viaggio in Nepal, durante una visita al mercato di Kathmandu, rimasi sorpresa nel vedere come le vacche si aggirassero indisturbate tra le bancarelle. Annusavano le ceste di spezie, la gente si faceva largo per farle elegantemente passare, un uomo mi spiegò che dentro quei corpi a quattro zampe vivevano coloro che avevano lasciato la terra, coloro che fino a ieri erano persone. Istintivamente avrei voluto abbracciare tutte quelle vacche dagli occhi persi nel vuoto, erano persone sotto un altro "cappotto". E io che fine avrei fatto? Se fossi accidentalmente morta in Nepal, in quale corpo di animale sarei mai finita? Chi poteva dire ai miei genitori che quell'animale sdraiato nei pressi del fiume fossi io. No, non ci potevo nemmeno pensare.

Nei libri sacri delle *Upanisad*, insieme di testi religiosi e filosofici indiani, si sviluppa il concetto dei cicli di rinascite o *samsâra*: c'è la convinzione che non si viva una sola volta su questa terra, bensì innumerevoli volte e ogni vita sia determinata dagli effetti delle azioni, *karma*, compiute in una esistenza precedente. Il principio vitale dell'uomo, e poi la sua natura spirituale, devono passare attraverso una serie indefinita di esistenze, rivestendosi di svariati corpi che possono appartenere al regno minerale, vegetale, animale, umano, finché non sia completamente esaurita e annullata la forza vincolante del *karma*. L'indiano sa che ciò che gli accade durante la vita terrena, non è imputabile se non ad azioni che egli stesso ha precedentemente compiuto e che devono portare a maturazione il loro frutto. Se egli compie opere buone, rinascerà in una condizione migliore, finché, liberato dalla catena di rinascite, si compirà la perfetta liberazione dal corpo per perdersi nel *Brahman* o anima del mondo. Dunque un corpo intercambiabile, esterno a me, accidentale, provvisorio, destinato a scomparire, mentre la mia anima sopravvive in altri corpi, successivamente presi in prestito. Esso è solo l'involucro di un'anima increata. Più che la sua custodia corruttibile, è uno schermo alla sua luce. Un ostacolo per la coscienza di sé. L'obiettivo è di evadere dal corpo, di fare astrazione da esso come dal luogo della sofferenza e dell'illusione. Ora, nella mia visione cristiana delle cose, capisco che questo è agli antipodi della realtà.

L'anima e il corpo sono inseparabili per sempre. Non recipiente e contenuto, carcere e prigioniero, ma due elementi che formano insieme ciò che io sono, in un'integrazione. Il corpo non lo abito: *lui è me stesso*. Non rimane cosa o strumento, è me stesso, dato agli altri, come relativo al mondo. Essere corpo, è essere esposto agli altri, radicato in una storia. Il corpo è opacità e apertura: esso m'impedisce di esprimermi totalmente, e tuttavia continuamente mi tradisce. Mi induce a ripiegarmi sul mio universo interiore, mentre al tempo stesso mi proietta verso il mondo. Esso maschera la mia intimità, pur rivelando la mia identità. Rappresenta una ricchezza, e m'impoverisce di me stesso rendendomi debole verso gli altri. Attraverso il corpo si esercita la complementarietà. Il copro è unico quanto l'anima. Quindi cambiare il corpo equivarrebbe a divenire un altro essere. L'anima individualizza il corpo, o meglio lo personalizza. Il che è tutt'altra cosa. Il modo in cui impiego il mio corpo mi "codifica", mi distingue. Il corpo è il linguaggio dell'anima, l'anima lo forgia a poco a poco a propria immagine. Essi crescono insieme, l'uno attraverso l'altro.

"Un cuore tranquillo è la vita di tutto il corpo,
un cuore lieto rende ilare il volto"

(cfr. Libro dei Proverbi 14,30; 15,13).

Il sistema della reincarnazione simula l'eternità mediante una specie di "perpetuità nel tempo". Quando pensavo a questo, avvertivo di sentirmi parte di una spirale in cui il tempo era ciclico. Non capivo assolutamente dove mi avrebbe portata. Prendendo un poco di confidenza con la Bibbia ho intuito che, al contrario, la storia è essenzialmente lineare, parte da un principio assoluto e tende verso una fine precisa: finalmente, un giorno, il Signore tornerà. Così anche la nostra vita si prepara a sfociare nell'eternità. Per questo ogni istante è unico, ci è donato affinché lo investiamo in amore, ovvero in eternità. Solo l'amore passa la barriera della morte, essendo la misura della nostra felicità eterna.

Lo scopo delle esistenze successive sarebbe di arrivare a purificare il corpo per poter infine uscire dal ciclo delle ripetute morti e rinascite. Che ci fosse bisogno di essere purificati l'avevo capito; è stato poi il Signore a far in modo che io collegassi tutte le mie intuizioni sparse come coriandoli. Piuttosto che chiudere l'accesso al Suo Regno, a chi non è degno, Dio da all'uomo le occasioni per pentirsi, ricredersi, riconciliarsi a Lui. Capisco sia banale affrontare la questione teologica in poche battute ma personalmente credo che un vero capolavoro di misericordia sia il purgatorio. Quello stato, e non tanto un tempo o un luogo, in cui l'amore e il desiderio finiscono di bruciare le scorie che le prove di questa vita non hanno consumato. Stato di incandescente speranza: la certezza di vedere Dio è assoluta. Certezza che, a volte, durante la traversata movimentata della vita terrena, fatica.

Ecco che, ad oggi, la legge del *karma* è per me inconcepibile. Evoluzione e purificazione non possono essere una semplice auto-retribuzione di atti. Pensare che la mia condizione futura sia esclusivamente determinata dalle mie esistenze anteriori, dalle mie azioni e dai miei attuali pensieri, mi fa tanta tristezza. Come può il Signore aver creato un pianeta bello da togliere il fiato e poi abbandonarci a noi stessi, povere anime tribolate alla ricerca di un'auto-salvezza? No, non può succedere. Personalmente, sarei disperata. Mi sentirei soffocare, chiusa in un sistema implacabile di giustizia nel quale il destino sarebbe subíto e la destinazione alla Misericordia cancellata. Sentendomi profondamente condizionata dal *karma*, vivrei con la sola speranza di poterlo liquidare al più presto.

La reincarnazione è spesso invocata come spiegazione delle ingiustizie della vita. Ma allora bisognerebbe affermare che coloro che soffrono non fanno che espiare colpe passate; a mio avviso sarebbe la peggiore delle ingiustizie. E così pure, che la felicità umana di cui godono gli altri è la ricompensa di una vita precedente virtuosa. Ma allora, come spiegare che i ricchi sono spesso ben lungi dall'essere i migliori degli uomini? Si dovrebbe pensare che li aspetta un'esistenza nella povertà per purificarsi dagli abusi dei loro beni attuali. Credo vivamente che un'ottica in cui le rinascite si succedano senza un inizio né una fine, fino a che non intervenga la liberazione dal *karma,* svilisca ogni concetto di speranza.

Se "l'atto segue sempre e mai perdona", se la retribuzione è rigorosamente soggetta alle nostre regole, dove può dunque intervenire il Perdono di Dio? Ora mi è chiaro intuire che la dove, di rinascita in rinascita, uno espia da solo le proprie colpe, non c'è bisogno di perdono. Non c'è spazio per la Misericordia. La salvezza, *moksha*, si conquista a forza di braccia. Scuole di autocontrollo, autodisciplina, autorealizzazione, ci si vuole costruire, essere sé stessi, ma con le proprie forze. In questo pozzo di idee mi è stato permesso di guardare: ne è conseguita grande confusione tra dominio di sé, perfezione morale e santità.

Credo che, più che di autonomia spirituale, abbiamo tutti indistintamente bisogno di rivolgerci completamente al Signore. Nella povertà del nostro cuore, senza strafare ma lasciandoci amare, senza conquistare sé stessi ma lasciandoci invadere da Dio.

12. SOFFERENZA ABBRACCIATA E NON SFUGGITA

Avvenire.
Ti chiamano avvenire perché non vieni mai.
Ti chiamano: Avvenire,
e sperano che tu arrivi
a mangiare dalle loro mani.
Ma tu rimani al di là delle ore,
rintanato chissà dove.
...Domani.
E domani sarà un altro giorno tranquillo,
un giorno come oggi, giovedì o martedì,
o qualunque altra cosa
ma non quello che continuiamo ad aspettare,
ancora, sempre.

Ángel González

Sono sicura che ogni singolo uomo, nutra un profondo sentimento d'attesa. Aspettiamo sempre qualcosa. Ognuno a suo modo, ognuno nella sua individualità. Credo sia in questa "dolorosa" dissonanza, fra il desiderio del nostro cuore e le amarezze della vita quotidiana, che cresca il fiore misterioso dell'attesa. Più che amare all'infinito questa vita, cerchiamo e amiamo l'infinito in questa vita, cioè la felicità, l'amore, la bellezza, l'estasi, il "sommo piacere". In una parola: l'eternità sulla terra, soffrendo di non saperla trovare e di vederne così poche tracce.
Tuttavia non si può vivere senza la felicità, senza la bellezza, non si può vivere una vita senza un significato.

Come tutti, anch'io ho cercato di catturarne qualche scintilla, di dare un senso all'esistenza soprattutto pretendendo di costruire da sola quella felicità, lanciandomi in paradisi immaginari.

Spesso le prove irrompono nel quotidiano come uragani. Ogni uomo soffre, facciamo di tutto per sfuggire, ma dobbiamo accettare che sia così. Come scrive Pier Paolo Pasolini; nell'intento di non accettare la sofferenza "*cercavano il paradiso, ma volendo costruirlo in terra, col potere e contro Dio, hanno costruito inferni*" [12]. Spesso, mi sono trovata a frequentare persone che affermavano in continuazione: "io mi godo la vita e basta". Sinceramente, anche a me affascinava la felicità ad ogni costo. New Orleans, la *easy city* – città facile – per eccellenza, mi ha sempre suscitato grande attrazione, ma nonostante ciò non ho mai smesso di chiedermi come laggiù potesse essere tutto così facile. Come poteva esserlo, quando quotidianamente ci si scontra con la solitudine, i sensi di colpa, i tormenti interiori, le delusioni, i tradimenti e anche con la morte?

Come potevo pensare di liberarmi dalle preoccupazioni e dall'angoscia avendo rimosso dalla coscienza il Signore di cui ogni uomo porta, indelebili, sia l'immagine che la ferita?

Come potevo pensare di liberarmi da me stessa perseverando

---

[12] P. P. Pasolini, *11 luglio 1974, Ampliamento del "bozzetto" sulla rivoluzione antropologica in Italia*, in *Scritti corsari*, Garzanti, Milano 1975, p. 61.

nel guardarmi con uno sguardo sterile anziché volgerlo verso Colui che porta la Salvezza? Le tante strade che ho rincorso, soprattutto lo yoga, avevano soltanto cicatrizzato superficialmente le ferite. Anziché mettermi allo scoperto accettando la mia vulnerabilità, cercavo di camuffare i vuoti attraverso un'impassibilità imposta piano piano. Credo che se avessi continuato su questa via, avrei finito per negare la sofferenza riducendola a illusione, anziché offrirla a un amore che le trasfigura dal di dentro. Amore che si riceve soltanto dal Signore.

La sofferenza è parte cruciale della vita, fa assaporare la gioia di rinascere. Per salvarci, già qualcuno ha sofferto per noi: è questa la gioia che riempie l'animo umano. Personalmente, aspettavo la pace interiore attraverso sensazioni, energie illusorie, cercando di estraniarmi dalla realtà. Realtà che, anche con mille sforzi, non poteva rifiutare la sofferenza, disprezzandola mi sarei negata una grandiosa salvezza.

Se il Signore ha accettato la croce per riscattare la nostra salvezza vuol dire che ci vuole un amore eterno che noi non riusciamo nemmeno a comprendere.

Il corpo ferito, sanguinante, inchiodato alla croce è un corpo che soffre per salvarci e ci chiede di offrire le nostre sofferenze per trasformarle in gioie. Credo che la grandezza della fede cristiana stia proprio in un Dio che per amore ci ha voluto somigliare fin dentro la nostra sofferenza. Lui è venuto incontro a noi. Come si ripete nel Credo: "*per noi uomini e per la nostra salvezza discese dal cielo*". Il Signore permette la sofferenza perché nel progetto della sua infinita misericordia, sa trarre il bene anche dal male e dà, a ciascuno, la possibilità di trasformare i pesi che schiacciano in croci che redimono.

Nel mio percorso ho dunque abbandonato l'idea di auto-salvezza, rincorsa soltanto attraverso sensazioni, emozioni, bellezza, dolcezza, armonia, calma. Ho capito che la salvezza è opera di Altro, di Dio. Per i cristiani la salvezza è un dono, una liberazione, una grazia, una risposta liberatrice a una condizione di sofferenza. Vivere soltanto di sensazioni positive è parecchio improbabile; il cristiano in vero cammino sa che non può e non deve scappare ma accetta e affronta il suo soffrire, comprendendo il suo grande significato che si traduce in pura felicità. Una felicità estesa a tutti, che abbraccia il prossimo e gli fa del bene, non una felicità egoista rivolta a sé e alla propria armonia.

Alle volte mi è tornata alla mente una situazione della vita in cui ho condiviso profondamente la sofferenza di un'altra persona. Credo che per il solo fatto che quel dolore fosse condiviso, ci sia stata la presenza di una luce. Luce che solo la portata di un sentimento d'amore per il prossimo, può donare.

Credo che, lungo il cammino cristiano, sia anche richiesto di essere pronti ad accettare la sofferenza per amore del bene, della giustizia ma soprattutto della Verità. Se avessi continuato a badare soltanto al mio benessere e alla mia incolumità non avrei camminato molto. Il Signore ci insegna a difendere la Verità, bisogna superare comodità e scuse, rendere giustizia al Vero anche attraverso la sofferenza. Altrimenti la nostra stessa vita sarebbe menzogna. Scrive Giovanni: "*La verità vi farà liberi*" (Gv 8,32). Quando, da veri cristiani si "mette coraggiosamente la faccia" per difendere il proprio credo profondo, si è spesso contraddetti, calunniati, disprezzati, mal sopportati. Ma è in questa sofferenza combattiva nel perseverare che la fede avanza.

Dice il Signore: "*Vi manderò come pecore in mezzo ai lupi*" (Mt 10,16). Ovvero: non preoccupatevi per il fatto che, mandandovi tra i lupi, vi ordino di essere come agnelli. Avrei potuto dirvi il contrario e risparmiarvi tanta sofferenza, ma è necessario che avvenga così perché questo vi rende più gloriosi e manifesta la mia potenza. Il Signore sa bene che i suoi agnelli, con la loro mansuetudine saranno invincibili per tutti.

Alla sofferenza si può dare un senso quando, negata ogni rassegnazione, senza cadere nella rivolta che contesta la vita o Dio, senza disperare, ci si sottomette alla volontà del Signore. Allora si può dire: "Siamo più grandi della sofferenza che viviamo, perché troviamo il segreto della nostra esistenza nell'amare e nell'essere amati". Gesù ha tracciato per noi una via riguardo alla sofferenza, un cammino di mitezza e di umiltà.

Egli è l'uomo, debole, precario, che ha vissuto fino all'estremo l'amore, e nella sofferenza ha dato la vita per noi, vincendo con l'amore la morte eterna dell'anima. Intendo dire che Dio ha provveduto alla vittoria sulla morte, ha mandato Suo Figlio, Gesù Cristo, a morire sulla croce al posto nostro. Tutti gli uomini sono sotto il giudizio, perché tutti hanno peccato. Ma Cristo ha portato tutti i nostri peccati nel Suo corpo, sul legno della croce, affinché noi potessimo vivere con Lui per sempre, vincere la paura della morte ed essere con Gesù in questa vita e oltre questa vita, quando saremo nell'eternità.

Credo che anche un semplice "sì" all'amore sia fonte di sofferenza, l'amore esige sempre espropriazione del proprio io, nella quale ci si lascia cambiare e anche ferire. L'amore non può affatto esistere senza questa rinuncia anche dolorosa a sé stessi, altrimenti diventa puro egoismo e, con ciò, annulla sé stesso. Ho imparato che se avessi voluto arrivare alla fine della vita con il cuore intatto, non avrei dovuto darlo a nessuno. Se l'avessi fatto, sicuramente non si sarebbe sbriciolato, ma è certo che la vita non mi avrebbe insegnato tanto.

La sofferenza forgia, fortifica, trasforma, spaventa ma bisogna lasciarla fare perché il giorno in cui la si ringrazierà arriva. Per tutti.

Ciò che agli occhi umani sembra una disgrazia, ecco che con gli occhi della fede diviene grazia e a volte persino gioia.

13. DA PURO ISTINTO A VERA PROMESSA. AMARSI CON DIO

"L'amore tra uomo e donna
non può essere basato sulla bellezza o sulla ricchezza.
Sono valori temporali.
Non può essere basato nemmeno sulla pietà.
Potrebbe diminuire.
L'Amore vero deve essere basato sul comando di Dio: non cambia mai".

Richard Steele

Tempo di emozioni lampo, rincorsa al piacere, contatti su Facebook e zero amici, tutto è lecito, fidanzati usa e getta visto che, ogni lasciata è persa. L'idea che la famiglia, si fa, si disfa, si rifà, passa come evento naturale. Anche un sentimento così nobile come l'amore è sfumato in noia, abitudine, rivalsa, fatica, il matrimonio è diventato la sua tomba. Chi si sposa s'impicca.

Ho vissuto per anni con la filosofia dell'"ascolta le tue emozioni", *peace and love*, cavalchiamo l'onda fin che dura, tutti amici in armonia perenne. Quell'agosto del '69 avrei desiderato essere a Woodstock[13]. Essermi persa quell'evento mi è sempre dispiaciuto. Durante la scuola di Naturopatia ho

---

[13] Il festival di Woodstock si svolse a Bethel, una piccola città rurale nello stato di New York, dal 15 al 18 agosto del 1969, all'apice della diffusione della cultura hippie, che voleva unire con *Three Days of Peace & Rock Music*. Il nome ha origine dalla vicina città di Woodstock, nella contea di Ulster, conosciuta per le sue attività artistiche (vi si organizzano festival d'arte) e fu l'ultima grande manifestazione del movimento che da allora si diffuse peraltro sempre più fuori dagli Stati Uniti, dove era nato, pur senza la coesione e l'originalità che avevano permesso negli anni sessanta eventi come il Monterey Pop festival, la Summer of Love a San Francisco e, appunto, il festival di Woodstock.

affinato la tecnica dell'ascolto personale, assecondando ogni emozione, ogni voglia, ogni istinto. Ripensandoci, credo siano state proprio queste idee di relativismo a lasciarmi amarezza. Soprattutto nei rapporti di coppia.

Ho imparato che l'ascolto di sé, inteso come pura soddisfazione dei propri istinti, non porta molto lontano. La fragilità dell'affetto è ciò che contraddistingue i nostri tempi, il nostro sazio e disperato mondo occidentale. È ormai tramontato un modo di amarsi veramente, ma nulla a mio avviso, l'ha sostituito. L'amore rimane il fulcro attorno a cui ruota la nostra intera esistenza. Tutti intuiamo che l'amore è la ragione ultima del nostro vivere. Poi fatichiamo, ne siamo travolti, ne abbiamo nostalgia non ne siamo capaci, ma il desiderio immenso di amare ed essere amati abita la profondità di ogni esistenza. Credo che a essere in crisi non sia il matrimonio cristiano, ma piuttosto la possibilità stessa di amarsi. Si è liberi e irresponsabili, abbiamo mille occasioni, mille storie, e questo non suscita gioia ma dolore, spaesamento che nel correre frenetico del vivere quotidiano non si considera: se fallisci, un rapporto affettivo sono affari tuoi. Vai avanti ad ascoltare te stesso.

Personalmente non voglio arrendermi all'evidenza che anche la storia più passionale e travolgente finisce col soccombere all'usura del tempo e alla noia dell'abitudine. Non possono essere la luna, le stelle, la sorte, la tempesta magnetica, la magia a tenere unite due persone. Io non credo che l'amore sia finito: credo che esista un progetto, una proposta un sogno. E' il sogno delle origini, ed è il sogno di Dio.

A braccetto con lo yoga non mollavo l'idea di vivere l'attimo, calandomi soltanto dentro me stessa, sfruttando l'occasione e soltanto il tempo presente. Non consideravo il fatto che, costruire una relazione di coppia con idee di temporaneità e sull'emozione del momento fosse triste e parecchio improbabile. La mia alternativa alla proposta di un progetto d'amore cristiano era l'improvvisazione a l'anarchia affettiva. Quando ho iniziato a "frequentare" il Signore ho capito che in quest'ottica non sarei riuscita a maturare la consapevolezza di una scelta, il desiderio di uno stile di vita, un progetto.

Siamo scintille di Dio chiusi in un corpo che ha nostalgia di bellezza e amore eterno. Ho capito che anche la sessualità è e rimane di essenza divina. Scrive Giovanni Paolo II: "*...non è un residuo della nostra animalità. La sessualità non è qualcosa da inventare; è rivelata. È la comunione delle Persone divine a essere la sorgente e il modello della sessualità, non già il determinismo dell'istino. Rialzino allora i cristiani la testa, e smettano di lasciarsi paralizzare da accuse che ormai sappiamo menzogne! Hanno un messaggio di luce sul corpo e sul sesso da portare al mondo, e il mondo, checché ne dica, ne ha sete*"[14].

---

[14] Y. Semen, *La sessualità secondo Giovanni Paolo II*, San Paolo, 2005, pp.199-200.

Alle volte pare che la vita sia una caccia al tesoro: finché non lo troviamo, siamo inquieti, scontenti, possiamo riempirci il cuore e gli occhi di emozioni, di "cose", ma il fondo dell'anima resta insoddisfatto. Quando si capisce che esistiamo per una ragione, un progetto, un sogno che Dio ha su di noi, cambia tutto. Ognuno è chiamato a una vocazione, all'esistenza, alla vita. E' avvicinandosi al Signore che si ha vera occasione di scoprire chi siamo veramente, di capire il progetto che Dio aveva creandoci. E' un progetto d'amore. Sempre.

Con gli occhi della fede nulla accade per caso e soprattutto nei rapporti di coppia, si ha occasione di capire se la propria vocazione sia l'amore da condividere con un'altra persona. È vero che a pochi interessa il vivere la sessualità con l'intensità che merita, ma non mi pare che ad essa siamo riusciti a sostituire una proposta valida e rasserenante. C'è un solenne menefreghismo nella gestione della sessualità, poca progettualità, poca serenità. Certo, è cresciuta la pornografia, è cresciuta la trasgressione, è cresciuta la presunta libertà sessuale.
Non mi pare siano cresciute le persone, nel frattempo.

La sessualità è il linguaggio più intimo e autentico che una persona possa avere. Altro che avanzare le solite idee del "cogli l'attimo". Il corpo è sacro in tutto il suo essere, non mente mai e se anche impara a farlo, diventa sincero solo con alcune persone. Persone cui si capisce di poter dare il cuore.

Personalmente ho imparato che dico la verità al mio essere solo se c'è un progetto, una maturazione. Se non è così, ricado nel continuo ed estenuante giro tondo delle emozioni di una notte, verso cui non nutro il minimo interesse. La sessualità non può essere banalizzata al punto da ridurla ad attimi. Se vissuta veramente diventa espressione di un sentimento enorme, l'Amore. Ed è qui che si stravolge.

Credo che nel momento in cui al sesso si chiede soltanto il piacere, si perde di vista l'amore, forse si diventa persino incapaci di amare. E' distruggere con le proprie mani quanto di più bello Dio ha progettato per noi. Se si vive soltanto cavalcando l'istinto e la voglia, se l'amore ha sempre bisogno di soddisfazioni sessuali, è un amore egoistico. Mi chiedo: "come potrà reggere alle lotte della vita?". Credo che l'amore vero resista al capriccio del momento lasciandosi spazio e tempo per crescere. Ecco che il matrimonio diventa l'impegno davanti a Dio e alla propria coscienza della condivisione piena della vita.

Il nostro corpo è scintilla di amore scoccata dal cuore di Dio. L'uomo non può che percepire il desiderio profondo di amare e di essere amato. L'amore vero tra uomo e donna non può perdersi nel disordine e nelle banalità. È un sentimento pazzesco che va oltre qualsiasi cosa, crescendo silenziosamente diventa devoto, costante, donato e pronto a tutto. La vita ci è data per imparare ad amare.

14. LUNGO LA STRADA...

Ho imparato che nel confronto e nel rispetto delle diversità si ha enorme occasione di crescita. Ogni persona, nella sua unicità, è speciale e tiene nel cuore qualcosa di buono. Basta avere la capacità di guardare oltre.

Porterò dentro di me volti e sorriso di tutti voi professori e compagni di corso. Siete e rimarrete per sempre la mia insostituibile parentesi di crescita.

Ho imparato che la curiosità è forza vitale: se sei curioso, chiedi, se chiedi indaghi, se indaghi ricerchi, se ricerchi qualcosa trovi.

Ho imparato che la libertà è una delle cose più difficili da gestire in modo maturo, saggio e costruttivo.

Che si nasce una volta sola e siamo chiamati a dare il massimo. Ne vale sempre la pena.

Che la morte è certa, istantanea, potentissima. Che niente può essere barattato con la vita, in quanto ricerca, consapevolezza, in quanto vita. La propria.

Ho imparato che chi non ha la fortuna di avere un po' di sfortuna è sfortunato.

Che vale la pena di sacrificare tutto per vivere una vita piena, totale. Vivere avendo paura è la più grande schiavitù che l'essere umano possa conoscere.

Che se si vuole fare un passo avanti bisogna perdere l'equilibrio per un attimo.

Ho imparato che l'amore non si merita e spesso ci è chiesto di amare in perdita. Ma va bene così, è questo il grande mistero di un sentimento. Bisogna amare, tanto.

Che l'amore ha poco a che vedere con la persona amata, ha tutto a che vedere con noi stessi.

Se avrò la fortuna di avere dei figli, augurerò loro una certa dose di sofferenza perché ho imparato che probabilmente, è il più grande correttore della nostra vita.

Ho imparato che le anime più forti sono quelle temperate dalla sofferenza, i caratteri più solidi sono cosparsi di cicatrici.

Ho imparato che le dita di una sola mano sono troppe per contare gli amici veri: quelle persone che la vita ti mette accanto quando decide di farti un regalo.

Che la solitudine deve diventare nostra fedele amica, che conoscerla è molto più utile che evitarla.

Ho imparato che anche nei giorni più bui può essere primavera nel nostro cuore.

Ho imparato che poi si rinasce. Comunque.

Ho imparato che non è la perfezione a renderci attraenti, ma conoscere i nostri demoni e farci pace.

Che per perdonare sé stessi ci vuole molto coraggio.

Ho imparato che quando si salta c'è una rete sotto, sempre.

Ho imparato che ognuno di noi sa cosa desidera ma soltanto Dio sa cosa ci giova e che quando decide di tuffarsi nel nostro cuore, non bussa affatto ma sfonda la porta.

BIBLIOGRAFIA

Agostino d'Ippona, *Le Confessioni*, Einaudi, Torino 1984.

Antonio Socci, *Avventurieri dell'eterno,* Rizzoli, Milano 2015.

H.U. von Balthasar – L. Bouyer – O. Clément – Daniel-Ange – E. Dahler – Dr. Ph. Madre – A.M. de Monlèon – J. Parmentier, *Dalle sponde del Gange alle rive del Giordano,* Editrice Àncora, Milano 1986.

Julián Carrón, *La bellezza disarmata,* Rizzoli, Milano 2015.

Marzorati, *Grande Antologia Filosofica*, Milano 1966.

Pier Paolo Pasolini, *Ampliamento del "bozzetto" sulla rivoluzione antropologica in Italia,* in *Scritti corsari,* Garzanti, Milano 1975.

Teresa d'Avila, *Libro della mia vita,* Paoline Editoriale Libri, Milano 2006.

Yves Semen, *La sessualità secondo Giovanni Paolo II*, San Paolo 2005.

INDICE

PREFAZIONE.......... 4

CORPO MIO, ECCOMI!.......... 6

1. NATUROPATIA SULLA MIA PELLE 7

2. INCONSAPEVOLMENTE CERCAVO.......... 11

3. APPARIRE NON ESSERE.......... 13

4. CORPO OGGI. OSSESSIONE 15

5. PERCHE' TUTTO QUESTO?.......... 17

6. OLISMO E CORPO 20

7. LA MIA ILLUSIONE: IL CORPO BASTA A SE' STESSO 23

8. LA MIA CONQUISTA: IL CORPO E' RIFLESSO DI LUCE 25

9. IL CORPO CHE NOI SIAMO 29

10. CORPO CHE PARLA. DAL *MANTRA* ALLA PREGHIERA.......... 34

11. NON REINCARNATI MA RESUSCITATI 41

12. SOFFERENZA ABBRACCIATA E NON SFUGGITA 47

13. DA PURO ISTINTO A VERA PROMESSA. AMARSI CON DIO 53

14. LUNGO LA STRADA.......... 58

BIBLIOGRAFIA 61

Printed by Books on Demand GmbH, Norderstedt / Germany